Dinge die mich wütend machen

Created by Martin Genz

ISBN: 1979002622
ISBN-13: 978-1979002622

Dinge die mich
wütend machen

Impressum:
Martin Genz
c/o
Papyrus Autoren-Club,
R.O.M. Logicware GmbH
Pettenkoferstr. 16-18
10247 Berlin

Dinge die mich wütend machen

Dinge die mich wütend machen

Dinge die mich wütend machen

Dinge die mich wütend machen

Dinge die mich wütend machen

Dinge die mich wütend machen

Dinge die mich wütend machen

Dinge die mich wütend machen

Dinge die mich wütend machen

Dinge die mich wütend machen

Dinge die mich wütend machen

Dinge die mich wütend machen

Dinge die mich wütend machen

Dinge die mich wütend machen

Dinge die mich wütend machen

Dinge die mich wütend machen

Dinge die mich wütend machen

Dinge die mich wütend machen

24

Dinge die mich wütend machen

Dinge die mich wütend machen

Dinge die mich wütend machen

Dinge die mich wütend machen

Dinge die mich wütend machen

29

Dinge die mich wütend machen

Dinge die mich wütend machen

32

Dinge die mich wütend machen

33

Dinge die mich wütend machen

34

Dinge die mich wütend machen

Dinge die mich wütend machen

Dinge die mich wütend machen

Dinge die mich wütend machen

Dinge die mich wütend machen

40

Dinge die mich wütend machen

41

Dinge die mich wütend machen

Dinge die mich wütend machen

Dinge die mich wütend machen

Dinge die mich wütend machen

Dinge die mich wütend machen

Dinge die mich wütend machen

47

Dinge die mich wütend machen

Dinge die mich wütend machen

Dinge die mich wütend machen

51

Dinge die mich wütend machen

Dinge die mich wütend machen

53

Dinge die mich wütend machen

54

Dinge die mich wütend machen

55

Dinge die mich wütend machen

Dinge die mich wütend machen

Dinge die mich wütend machen

Dinge die mich wütend machen

60

Dinge die mich wütend machen

Dinge die mich wütend machen

62

Dinge die mich wütend machen

Dinge die mich wütend machen

Dinge die mich wütend machen

Dinge die mich wütend machen

Dinge die mich wütend machen

Dinge die mich wütend machen

Dinge die mich wütend machen

69

Dinge die mich wütend machen

Dinge die mich wütend machen

Dinge die mich wütend machen

Dinge die mich wütend machen

Dinge die mich wütend machen

Dinge die mich wütend machen

Dinge die mich wütend machen

76

77

Dinge die mich wütend machen

Dinge die mich wütend machen

Dinge die mich wütend machen

Dinge die mich wütend machen

Dinge die mich wütend machen

82

Dinge die mich wütend machen

Dinge die mich wütend machen

Dinge die mich wütend machen

Dinge die mich wütend machen

Dinge die mich wütend machen

Dinge die mich wütend machen

91

Dinge die mich wütend machen

92

Dinge die mich wütend machen

94

95

Dinge die mich wütend machen

97

Dinge die mich wütend machen

Dinge die mich wütend machen

Dinge die mich wütend machen

Dinge die mich wütend machen

Dinge die mich wütend machen

Dinge die mich wütend machen